ALMANACH

DES

MISÉRABLES

PAR A. VÉMAR

Auteur des Misérables pour rire

Illustré de 60 vignettes

PARIS

CHEZ TOUS LES MARCHANDS DE NOUVEAUTÉS

PARIS. — IMP. REMQUET, GOUPY ET Cie.

ALMANACH

DES

MISÉRABLES

PAR A. VÉMAR

Auteur des Misérables pour rire

Illustré de 60 vignettes

PRIX : 50 CENTIMES.

PRIX : 50 CENTIMES.

PARIS

CHEZ TOUS LES MARCHANDS DE NOUVEAUTÉS

1863

CALENDRIER POUR 1864

JANVIER
Les jours croissent de 1 h. 5 m.

D. Q. le 2.
N. L. le 9.
P. L. le 15.
P. Q. le 23.

v	1	CIRCONCISION
s	2	s. Basile év.
D	3	se Geneviève
l	4	s. Rigobert
m	5	s. Amélie
m	6	EPIPHANIE
j	7	Noces
v	8	s. Lucien év.
s	9	s. Pierre év.
D	10	s. Paul erm.
l	11	s. Théodore
m	12	s. Arcade m.
m	13	Bapt. de J.-C.
j	14	s. Hilaire év.
v	15	s. Maur a.
s	16	s. Guillaume
D	17	s. Antoine
l	18	Ch. S. P. à R.
m	19	s. Sulpice
m	20	s. Sébastien
j	21	se Agnès v m.
v	22	s. Vincent
s	23	s. Ildefonse
D	24	Septuagésime
l	25	Conv. S. Paul
m	26	se Paule
m	27	s. Julien
j	28	s. Charlemag.
v	29	s. Francde S.
s	30	Se Bathilde
D	31	Sexagésime

FÉVRIER
Les jours croissent de 1 h. 33 m.

D. Q. le 1.
N. L. le 7.
P. L. le 14.
P. Q. le 22.

l	1	s. Ignace
m	2	PURIFICATION
m	3	s. Blaise
j	4	s. Gilbert
v	5	s. Agathe
s	6	s. Vanst
D	7	Quinquagési.
l	8	s. Jean de M.
m	9	Mardi Gras
m	10	Cendres
j	11	s. Séverin
v	12	se Eulalie
s	13	s. Lézin
D	14	Quadragésime
l	15	s. Faustin
m	16	se Julienne
m	17	IV Temps
j	18	s. Siméon év.
v	19	s. Gabin
s	20	s. Eucher
D	21	Reminiscere
l	22	se Isabelle
m	23	s. Merault
m	24	s. Mathias
j	25	s. Césaire
v	26	s. Nestor
s	27	se Honorine
D	28	Oculi
l	29	s. Arille

N. d?O. 3. Ep.XXII.C.
S.25 I. R. 7. L. D. C.B.

MARS
Les jours croissent de 1 h. 42 m.

D. Q. le 1.
N. L. le 8.
P. L. le 15.
P. Q. le 23.
P. L. le 30.

m	1	s. Aubin
m	2	s. Simplice
j	3	se Cunégonde
v	4	s. Casimir
s	5	s. Adrien
D	6	Lœtare
l	7	se Perpétue
m	8	s. Ponce
m	9	se Françoise
j	10	s. Blanchard
v	11	s. Euloge
s	12	s. Pol év.
D	13	PASSION
l	14	s. Lubin év.
m	15	s. Zacharie
m	16	s. Cyriaque
j	17	se Gertrude
v	18	s. Alexandre
s	19	s. Joseph
D	20	RAMEAUX
l	21	s. Benoît
m	22	s. Epaphrod
m	23	s. Victorien
j	24	s. Simon m.
v	25	Vend. Saint
s	26	s. Ludger év.
D	27	PAQUES
l	28	s. Gontran
m	29	s. Frisque
m	30	s. Rieul
j	31	se Balbine

AVRIL
Les jours croissent de 1 h. 40 m.

N. L. le 6.
P. Q. le 14.
P. L. le 22.
D. Q. le 29.

v	1	s. Hugues
s	2	s. Franc.de P.
D	3	QUASIMODO
l	4	Annonciation
m	5	s. Ambroise
m	6	s. Prudent
j	7	s. Clotaire
v	8	s. Edèze
s	9	se Marie ég.
D	10	s. Fulbert
l	11	se Godeberte
m	12	s. Jules
m	13	s. Marcelin
j	14	s. Tiburce
v	15	s. Paterne
s	16	s. Fructueux
D	17	s. Anicet P.
l	18	s. Parfait
m	19	s. Léon P.
m	20	s. Théotime
j	21	s. Anselme
v	22	se Opportune
s	23	s. Georges
D	24	s. Léger
l	25	s. Marc ab.
m	26	s. Clet P.
m	27	s. Polycarpe
j	28	s. Vital
v	29	s. Robert
s	30	s. Eutrope

MAI
Les jours croissent de 1 h. 17 m.

N. L. le 6.
P. Q. le 13.
P. L. le 21.
D. Q. le 28.

D	1	s. Jacques s. P
l	2	Rogations
m	3	Inv. Se Croix
m	4	se Monique
j	5	ASCENSION
v	6	s. Jean P. L.
s	7	s. Stanislas
D	8	Oct. Ascens.
l	9	Tr. s. Nicaise
m	10	s. Gordien
m	11	s. Mamert
j	12	s. Pancrace
v	13	s. Servais
s	14	Vigile Jeûne
D	15	PENTECOTE
l	16	s. Honoré
m	17	s. Pascal
m	18	IV Temps
j	19	s. Yves
v	20	s. Bernardin
s	21	s. Hospice
D	22	TRINITÉ
l	23	s. Didier év.
m	24	s. Donatien
m	25	s. Urbain
j	26	FÊTE-DIEU
v	27	s. Hildevert
s	28	s. Germain
D	29	s. Maximin
l	30	s. Félix
m	31	se Pétronille

JUIN
Les jours croissent de 13 m.

N. L. le 4.
P. Q. le 12.
P. L. le 19.
D. Q. le 26.

m	1	s. Pamphile
j	2	Oct. F. Dieu
v	3	se Clotilde
s	4	s. Optat
D	5	s. Boniface
l	6	s. Claude
m	7	s. Lié
m	8	s. Médard
j	9	se Pélagie
v	10	s. Landri
s	11	s. Barnabé
D	12	se Olympe
l	13	s. Ant. de P.
m	14	s. Rufin
m	15	s. Modeste
j	16	s. Fargeau
v	17	s. Avit
s	18	se Marine
D	19	s. Gerv. S. P.
l	20	s. Silvère
m	21	s. Leufroi
m	22	s. Paulin
j	23	s. Andry v.
v	24	Nat. S. J. B.
s	25	s. Prosper
D	26	s. Babolein
l	27	s. Crescent
m	28	Vigile Jeune
m	29	S. Pier. S. P.
j	30	Com. S. Paul

CALENDRIER POUR 1864

JUILLET
Les jours décroissent de 58 m.

◉ N. L. le 4.
◑ P. Q. le 12.
◯ P. L. le 19.
◐ D. Q. le 25.

1	v	s. Éléonore
2	s	Visit. de N. D.
3	D	s. Thierry
4	l	Tr. s. Martin
5	m	s. Zoé m.
6	m	s. Tranquille
7	j	s. Aubierge
8	v	s. Procope
9	s	s. Cyrille
10	D	s. Félicité
11	l	Tr. s. Benoit
12	m	s. Gualbert
13	m	s. Eugène
14	j	s. Bonavent.
15	v	s. Henri E.
16	s	s. Eustale
17	D	s. Alexis
18	l	s. Thom. d'A.
19	m	s. Vinc. de P.
20	m	s. Marguerite
21	j	s. Victorin.
22	v	s. Magdelaine
23	s	s. Apolinai.
24	D	Jours Canic.
25	l	Tr. s. Marcel
26	m	s. Jacq. le M.
27	m	s. Pantaléon
28	j	s. Anne
29	v	s. Marthe
30	s	s. Abdon
31	D	s. Germ. l'A.

AOUT
Les jours décroissent de 1 h. 33 m.

◉ N. L. le 2.
◑ P. Q. le 10.
◯ P. L. le 17.
◐ D. Q. le 24.

1	l	s. Sophie
2	m	s. Étienne P.
3	m	Inv. s. Étienne
4	j	s. Dominique
5	v	s. Yon.
6	s	Transfig. J.-C
7	D	s. Gaëtan
8	l	s. Justin
9	m	s. Amour
10	m	s. Laurent
11	j	Tr. s. Suzanne
12	v	s. Claire
13	s	s. Guerfroi
14	D	Vigile Jeûne
15	l	ASSOMPTION
16	m	s. Roch
17	m	s. Mammès.
18	j	s. Hélène I.
19	v	s. Louis év.
20	s	s. Bernard
21	D	s. Privat
22	l	n. Symphorio.
23	m	s. Sidoine
24	m	s. Barthélemy
25	j	s. Louis r.
26	v	Fin des J. C.
27	s	s. Césaire
28	D	s. Augustin
29	l	s. Médéric
30	m	s. Fiacre
31	m	s. Ovide

SEPTEMBRE
Les jours décroissent de 1 h. 42 m.

◑ P. Q. le 1.
◯ P. L. le 9.
◐ D. Q. le 15.
◉ N. L. le 22.
◑ P. Q. le 30.

1	j	s. Leu s. Gil.
2	v	s. Lazare
3	s	s. Grégoire
4	D	s. Rosalie
5	l	s. Bertin
6	m	s. Onésiphor.
7	m	s. Cloud P.
8	j	Nat. de N.-D.
9	v	s. Omer év.
10	s	s. Pulchérie
11	D	s. Hyacinthe
12	l	s. Raphaël
13	m	s. Maurille
14	m	Ex. s. Croix
15	j	s. Nicomède
16	v	s. Corneille
17	s	s. Lambert
18	D	s. Jean Chr.
19	l	s. Janvier
20	m	s. Eustache
21	m	IV Temps
22	j	s. Maurice
23	v	s. Thècle v.
24	s	s. Andoche
25	D	s. Firmin év.
26	l	s. Justine v.
27	m	s. Côme S. D.
28	m	s. Céran év.
29	j	s. Michel A.
30	v	s. Jérôme

OCTOBRE
Les jours décroissent de 1 h. 45 m.

◑ P. Q. le 8.
◯ P. L. le 15.
◐ D. Q. le 22.
◉ N. L. le 30.

1	s	s. Rémy év.
2	D	SS. Anges G.
3	l	s. Cyprien
4	m	s. Franç. d'As.
5	m	s. Aure v.
6	j	s. Bruno
7	v	s. Serge
8	s	s. Brigitte
9	D	s. Denis év.
10	l	s. Céréon
11	m	s. Gomer
12	m	s. Vilfrid
13	j	s. Gérard
14	v	s. Caliste P.
15	s	s. Thérèse v.
16	D	s. Gal év.
17	l	s. Cerbonet
18	m	s. Luc évan.
19	m	s. Savinien
20	j	s. Caprais
21	v	s. Ursule
22	s	s. Mellon év.
23	D	s. Hilarion
24	l	s. Magloire
25	m	s. Crép. S. C
26	m	s. Rustique
27	j	s. Frumence
28	v	s. Simon S. J.
29	s	s. Faron év.
30	D	s. Lucain
31	l	Vigile Jeûne

NOVEMBRE
Les jours décroissent de 1 h. 17 m.

◑ P. Q. le 7.
◯ P. L. le 15.
◐ D. Q. le 21.
◉ N. L. le 28.

1	m	TOUSSAINT
2	m	Trépassés
3	j	s. Marcel év.
4	v	s. Charles B.
5	s	s. Zacharie
6	D	s. Léonard
7	l	s. Florent
8	m	s. Reliques
9	m	s. Mathurin
10	j	s. Juste
11	v	s. Martin év.
12	s	s. René év.
13	D	s. Brice év.
14	l	s. Bertrand
15	m	s. Eugénie
16	m	s. Edme A.
17	j	s. Agnan év.
18	v	s. Aude v.
19	s	s. Elisabeth
20	D	s. Edmond
21	l	Présent. N.-D.
22	m	s. Cécile
23	m	s. Clément
24	j	s. Séverin
25	v	s. Catherine
26	s	s. Geneviève
27	D	Avent
28	l	s. Sosthène
29	m	s. Saturnin
30	m	s. André

DÉCEMBRE
Les jours décroissent de 14 m.

◑ P. Q. le 6.
◯ P. L. le 13.
◐ D. Q. le 21.
◉ N. L. le 28.

1	j	s. Éloi év.
2	v	s. Franç. X.
3	s	s. Éloque
4	D	s. Barbe
5	l	s. Sabas a.
6	m	s. Nicolas
7	m	s. Fare v.
8	j	CONCEPTION
9	v	s. Gorgonie
10	s	s. Valère v.
11	D	s. Daniel
12	l	s. Valéri.
13	m	s. Luce v.
14	m	IV Temps
15	j	s. Mesmin
16	v	s. Adélaïde
17	s	s. Olympiad.
18	D	s. Gatien
19	l	s. Timothée
20	m	s. Philogone
21	m	s. Thomas
22	j	s. Honorat
23	v	s. Victoire
24	s	Vigile Jeûne
25	D	NOEL
26	l	s. Étienne
27	m	s. Jean év.
28	m	ss. Innocents
29	j	s. Trophime
30	v	s. Sabin
31	s	s. Sylvestre

INTRODUCTION

Air du Cantique de Saint-Roch.

Sur tous les murs de notre capitale,
Chacun regarde et contemple en tous lieux,
C'est une affiche, affiche capitale,
Qui sans pudeur vient nous crever les yeux;
  L'annonce immense
  Au public lance,
  En l'amorçant
  Son titre très-ronflant.

Les Misérables a pour nom cet ouvrage,
Les grands journaux en ont fait des extraits,
Chacun frémit en lisant une page,
Les éditeurs, pour sûr, feront leurs frais
  On se dispute
  Et l'on discute,
  Criant très-fort
  Sans se mettre d'accord.

L'auteur, dit-on, est de l'Académie,
Mais est-ce assez? Nous proposons tout bas
Un monument à l'homme de génie
Qui du forçat nous conta les ébats,
>> Pour qu'il domine
>> Chaque colline,
>> Jusqu'au Liban
>> Montons Hugo le Grand.

J'ai de Valjean, sans pâlir, vu les crimes ;
Afin que tous en profitent aussi
Je vais pour deux fois cinquante centimes,
Sans rire ici, en faire le récit.
>> Daignez l'entendre :
>> Pour bien l'apprendre
>> Du Juif errant
>> Nous empruntons le chant.

N. B. L'explication des gravures avec commentaires, à la page 43.

ALMANACH DES MISÉRABLES

Air du Juif errant.

Est-il rien sur la terre
Qui soit plus surprenant,
Que la grande misère
Du pauvre Jean Valjean?
Dès qu'il prit son essor
Il eut un triste sort.

Dans Paris, ville habile,
Un bourgeois, un passant,
Sans se faire de bile
Le retint en passant;
Jamais il n'avait vu
Un homme aussi fourbu.

A son foulard de Perse,
A son pantalon vieux,
A sa cravate en perce,
A son air envieux;
Il se dit : C'est fort ça,
Il a l'air d'un forçat.

Puis appelant ce maître :
De grâce accordez-moi,
Monsieur, la faveur d'être
Un moment près de moi ;
Ne me refusez pas,
Retardez donc vos pas.

— Monsieur, je vous assure,
Dit-il, j'ai du tourment,
Jamais, je vous le jure,
Je n'arrête un moment,
Ce qui m'agace fort,
C'est mon laid passeport.

J'accepterais à boire
Une chope avec vous,
Car, vous pouvez me croire,
J'aime assez le vin doux.
Mais je crains le cancan,
Je vais lever le camp.

— De savoir votre vie
Je serais très friand.
— Je suis né dans la Brie,

Pays fort peu brillant;
J'ai quatre-vingts printemps
Et n'ai plus que deux dents.

—N'êtes-vous pas cet homme
De qui l'on parle tant,
Que le tribunal nomme
Madeleine Valjean?
De grâce, dites-moi
Si ce gaillard, c'est toi.

— Jean Valjean Madeleine
Pour nom me fut donné.
Tandis qu'à Madeleine
Le monde a pardonné,
Hélas ! mon cher enfant,
Chacun maudit Valjean.

On m'a traduit en Chine,
En Russie, et partout
En Irlande on m'échine,
Mais j'en ris comme un fou.
Messieurs Cham et Baric
M'ont croqué avec chic.

Mes jours sont lamentables,
Les Sue et les Balzacs
Ont à leurs misérables
Prêté de meilleurs sacs ;
Mes jours sont sans sommeil
Et mes nuits sans soleil.

J'eus cruelle existence,
Pour plaire à maître Hugo,
Vingt ans dans le silence,
J'ai sculpté du coco.
Bref, j'eus bien des tourments,
Puis je finis mon temps.

Sans manger ni sans boire,
De Toulon en sortant
J'eus un nouveau déboire,
J'effrayais le passant,
Car avec mon gourdin
J'avais l'air peu gandin.

Je n'ai pris qu'une miche
Pour nourrir mes neveux,
On me fit une niche,
On m'en fit même deux ;
Cette prise en prison
Me mena tout de bon.

Dans une hôtellerie
A la croix de Colbas
(L'enseigne était jolie),
Je demandai tout bas
(J'en croyais les gens bons),
Du pain et des jambons.

Le patron, quoique honnête,
Lors se met en courroux,
Il dit, levant la tête
Et montrant son cou roux :
Vite, quitte mon toit,
Car je n'ai rien pour toi.

Je m'en vais sans répondre,
En emportant mon bien,
Et j'allai me morfondre
Dans la niche d'un chien.
Sans ses affreuses dents
J'aurais couché dedans.

Sur un banc je grelotte
Et m'endors à la fin.
Survient une dévote
Qui me dit : As-tu faim?
Dormir à l'air ça nuit,
Il est, mon ami, nuit.

Je suis la bonne femme
Chez l'évêque Myriel.
Dieu conserve son âme,
Digne en tout point du ciel !
Il me mit un couvert,
Et je fus à couvert.

Songeant à ce digne homme,
Je suis encore ému,
Car je me souviens comme
Il m'avait bien reçu;
J'aimais aussi sa sœur
Dont je vis la douceur.

Magloire et Baptistine
Étaient ses compagnons,
L'une fit la cuisine,
L'autre les commissions.
Ces êtres trop peureux
N'étaient pas trop heureux.

Je soupai comme un prince,
Et j'avalai de tout,
Le dessert était mince,
Mais j'y bus comme un trou;
Puis sans dire bonsoir
Au lit je fus m'asseoir.

Chacun sur cette terre
Possède une passion :
L'un aime le nanterre
Et l'autre le chausson,
L'un en tient pour Vénus
Et l'autre pour Plutus.

J'eus toujours la manie,
Ce qui fit mes revers,
D'aimer l'argenterie
Et surtout les couverts.
Ça troubla mon sommeil
Chez l'évêque Myriel.

Je ne pus m'en défendre,
Car j'étais un gredin ;
Sans qu'on puisse m'entendre
Je me lève soudain.
Mes chaussettes aux pieds,
Dans mes mains mes souliers.

Passant près de sa couche,
Je vis avec plaisir ;
Qu'aussi fort qu'une souche
Myriel pouvait dormir,
Mais je me découvris,
Quand je le decouvris.

Sans faire trop d'histoire,
Et sans perdre de temps,
Je saisis dans l'armoire
Les deux cuillers d'argent,
Et pris un chandelier
Afin de m'éclairer.

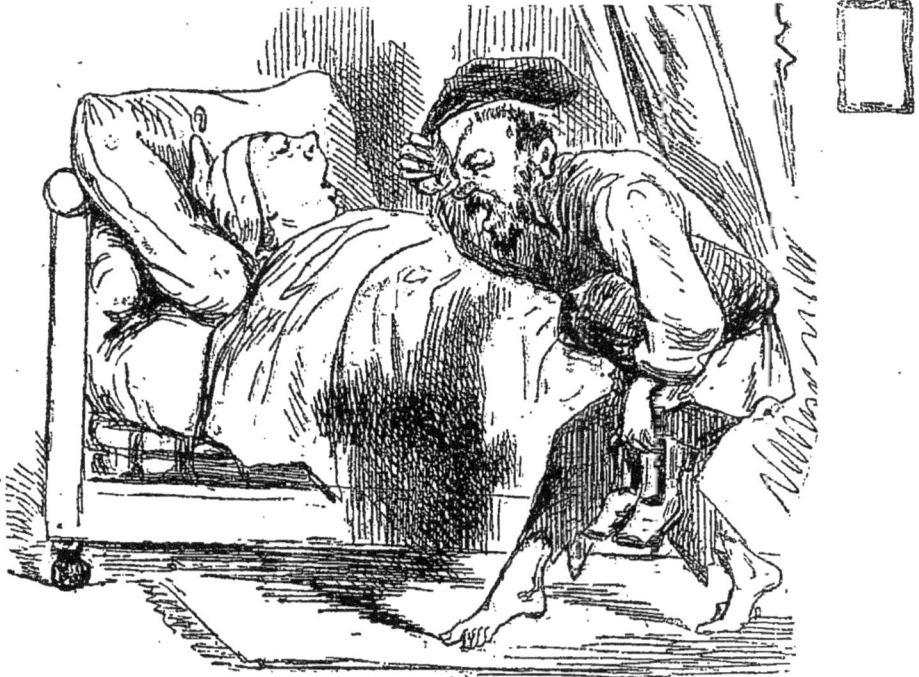

Alors, chaque main pleine.
Je m'échappe aussitôt;
A peine dans la plaine
Un gendarme au galôp
Me dit : Quitte ce trot,
Amí, car tu cours trop.

Il m'emmène à la cure
Où je fus étonné,
Car l'évêque m'assure
Qu'il m'avait tout donné.
J'accepte ce bon don
Et pars sans son pardon.

Le cri de ma conscience
Me conduit au hasard,
Je volai sans défense
Un petit Savoyard.
Il n'avait, soyons franc,
Sur lui qu'un double franc.

Voulant quitter la vie,
Je me mets dans le feu,
Dedans un incendie,
En m'échauffant un peu,
Je sauve un sous-préfet
Qui me donne un brevet.

De l'endroit les gendarmes
Ne me demandent pas
Si j'avais un port d'armes
Et d'où venaient mes pas,
Chacun se fie en moi,
Ça calme mon émoi.

Je fis une fabrique
Et grossis mon magot,
Tout cela vous explique
Comme on gagne un gros lot.
J'eusse été bien veinard
Sans un certain mouchard.

Ce mouchard d'infortune
Avait pour nom Javert ;
Sa figure commune
Me voyait de travers.
Au bagne il m'a connu
Et m'avait reconnu.

Pour augmenter ma peine,
Le gueux me dénonça.
Mon nom de Madeleine
Bien sûr me préserva,
Car sous mon nom de Jean
J'eusse été mis dedans.

Mais dedans cette ville
Une femme vivait,
Elle était fort gentille,
Chacun le lui disait;
Elle avait un état
Qui lui valait tout ça.

D'une faute victime,
Fantine, pauvre enfant,
Pour racheter son crime
Adorait son enfant;
C'est de ce fruit, dit-on,
Que lui vint son guignon.

La petite Cosette
Était chez Thénardier;
Cette pauvre fillette
Souffrait chez le fermier·
Son charmant petit bec
N'avait que du pain sec.

L'aubergiste sans âme,
Aidé de sa moitié,
A Fantine réclame
De l'argent, sans pitié.
Pour complaire à ses vœux
Elle vend ses cheveux.

Sa misère est accrue;
Pour nourrir son enfant,
Elle va dans la rue
Accoster le passant.
Elle parle si bas
Qu'on ne lui répond pas.

Elle apprenait à vivre,
Un soir avec esprit,
A quelque gandin ivre
D'avoir pris trop d'esprit.
La cogne la cogna,
Et Javert l'empoigna.

Comme alors j'étais maire,
Je la fis détacher;
A cette pauvre mère
Vite je m'attachai,
Car elle avait vraiment
Beaucoup de sentiment.

Pour me chercher misère,
Javert un matin vint
Me dire avec mystère
Qu'il n'était qu'un gueux vain,
Qu'une tête à Arras
Serait coupée à ras.

Chez moi la conscience
Ne dort que de profil,
Des jours de l'innocence
On eût tranché le fil;
Vite je m'élançai
A Arras harassé.

Au public je m'adresse,
Quoique ça ne vaut rien,
Jé prouve avec adresse
Que j'étais un vaurien.
On lâcha Champmathieu,
Et l'on prit Jean Mathieu.

De brigade en brigade
Javert me conduisit,
Et Fantine malade
M'attendait dans son lit.
Elle meurt disant : Bah !
Il est tombé bien bas.

J'avais mis chez Laffitte,
Mon argent, mes effets;
Comme au bagne on profite,
J'épargnais mes effets.
Pour avoir meilleur air,
Je me donne de l'air.

Un jour dedans la rade
Plongeait un matelot,
Le pauvre camarade
Expirait sous le flot.
Je me mis à nager
En voyant son danger.

Je lui sauvai la vie,
Puis me sauve à mon tour;
En dépit de l'envie,
Moi, je bénis ce jour,
Car j'eus la liberté,
Prix de ma charité.

J'allai trouver Cosette,
Chez monsieur Thénardier;
La charmante fillette
Chez l'affreux gargotier
Recevait plus d'un coup,
Et travaillait beaucoup.

Le soir chez l'aubergiste,
A la Noël on boit;
Cosette était bien triste,
En allant dans le bois,
Cherchant de très-lourde eau,
Pour servir un lourdaud.

Allant au-devant d'elle,
Je lui pris son fardeau,
Dans le bois, sans chandelle,
J'étais sot sous le seau.
Elle était bonne enfant
Comme feu sa maman.

Thénardier et sa femme
Me cèdent le matin
Cosette, chose infâme,
Pour un très-gros butin.
Mais je pars très-content,
Et je paye comptant.

Je fus à la Glacière,
Y prendre un logement.
Trahi par la portière
(Toujours la loge ment),
Bientôt je fus traqué
Par Javert, vieux toqué.

Cette portière indigne
Mes habits battait fort,
Dans sa fièvre maligne,
Elle vit mon trésor,
Caché dans les revers.
Ça causa mes revers.

Et comme à l'infortune
Je donnais le matin
Pour comble d'infortune,
Javert, ce fin mâtin,
Mes deux sous accepta
Et me dit : Avec ça ?

Une affreuse migraine
Me gagna de ce coup ;
Je cours perdant l'haleine ;
Et mes jambes à mon cou,
Sans faire le méchant,
Je m'enfuis à l'instant.

Un mur a des lézardes,
Quand on n'est pas lézard
On craint peu pour les hardes,
On aide le hasard ;
Un arbre déjà vert
Me fit braver Javert.

Poursuivi par le sbire
Sur les quais et partout,
A peine je respire,
Chassé par ce matou.
Quand il me crut surpris,
Javert fut bien surpris.

En m'aidant d'une branche,
Je fuis ce mauvais pas ;
Le poing dessus la hanche,
Javert cherchait mes pas,
Puis de ce quartier sort,
En maudissant le sort.

La maison où je tombe
Avait l'air d'un cachot ;
Bien sûr dans cette tombe,
Me dis-je, on y cache os,
Car là chaque venant
A l'air d'un revenant.

Quelqu'un me voit, se signe,
C'était Fauchelevent ;
Le gaillard me fait signe
Qu'il était au couvent,
Que malgré mes dehors,
On me mettrait dehors.

Je lui demande grâce,
Jurant d'être prudent ;
Puis une soupe grasse
Réchauffe mon enfant :
Car, voyez mon effroi !
Elle avait son nez froid.

Fauchant dit : On me sonne,
Et s'en va tout à coup ;
Moi, je n'ouvre à personne ;
Je noue à mon genou
Un grelot, car les sœurs
Ont souvent des noirceurs.

Je pris un peu de bière,
Songeant à mon ennui,
Et puis dans une bière
J'allai passer la nuit :
Car pour mieux me cacher,
Il fallut m'enterrer.

Dans ma position fausse,
Je comptais les moments ;
En sortant de ma fosse,
Je n'eus plus de tourments,
Grâce à Fauchelevent,
Je pus faucher le vent.

En secouant la poudre
De mon vieux souvenir,
Je sens un goût de poudre
En mon cerveau venir.
J'ai connu Vellington,
Prononcez : « Vilain ton. »

J'entends encore Cambronne,
Et même je le vois ;
Il avait un trombone
En place d'une voix :
« Me rendre ! dit-il, non,
Vous m'ennuyez, cré nom ! »

Ce jour-là vit la chute
D'un brillant cavalier,
Qui fut après la lutte
Volé par Thénardier.
Le pauvre Pontmercy
Meurt en disant : Merci.

Cette histoire nous montre
Qu'il faut, en général,
Posséder une montre
Quand on est général.
Quand la montre va bien,
Cela fait toujours bien.

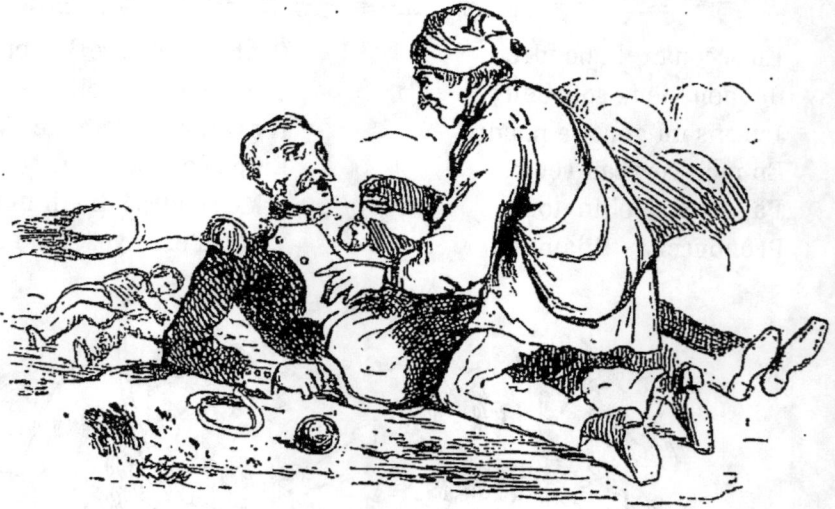

L'officier de l'empire
Prit avant son trépas
Une femme, et, le pire,
Elle avait un papa.
Voici l'original
De cet original.

Il portait sur sa nuque
Dans la saison d'hiver,
Une blonde perruque ;
Ses costumes divers
Lui donnaient l'air narquois
D'Apollon sans carquois.

Mécontent de son gendre,
Tout ce que nous savons,
C'est qu'il fit longtemps prendre
A son fils des savons.
Un jour qu'il avait plu,
Marius n'en voulut plus.

Porter un uniforme,
Voir des poules couvant,
C'est la vie uniforme
Que l'on mène au couvent;
Je m'ennuyais de tout,
L'enfant avait la toux.

Avec ma Cosette
Nous partons, un beau jour,
Tailler une causette
Dedans le Luxembourg;
Un jour le banc fut pris
Par Marius fort épris.

Puis Cosette s'enflamme ;
Pour lui jouer un tour,
Et pour calmer sa flamme
Nous changeons notre tour.
J'eus franchi le détroit
Pour ne pas être trois.

Marius déménage,
Et son esprit avec,
Il n'a pour tout potage
Qu'un morceau de pain sec,
Car l'eau claire est toujours
La boisson des amours.

Découvrant ma petite,
Chaque soir il accourt
Lui faire une visite
Avec un doigt de cour :
C'était dans mon jardin
Que venait le gredin.

J'achève cette histoire
Quoique fort altéré,
Mais vous pouvez me croire,
Je n'ai rien altéré :
Ça n'a pas de bon sens,
Mais ça fouette le sang.

J'ai bien connu Gavroche
Dans l'éléphant un soir ;
Cet estimable mioche
Sait créer un dortoir.
Ce nouveau saint Vincent
Était très-bon enfant.

Mousse du grand navire
Qu'on appelle Paris,
Du haut en bas il vire
Imitant plus d'un cri ;
Nourri par le hasard,
Il ressemble à Lazart.

Si j'ai dit sa cachette,
Je puis bien vous narrer
Qu'avec Patron-Minette
L'enfant sut s'affilier;
Mais Minette-Patron
Est un triste patron.

C'est le nom d'une troupe
De voleurs bien unis,
Qui formaient un beau groupe
Quand ils n'étaient pas pris.
De monsieur Thénardier,
Ils étaient associés.

Un jour, sur une lettre,
Dedans leur guet-apens,
Moi, je tombe à la lettre,
Sur moi l'on est tapant;
Sans Javert et Marius
Je n'existerais plus.

De Corinthe le siége
Est nom d'un magasin,
C'était aussi le siége
D'un grand marchand de vin.
Là, entre chien et loup,
Demeurait Hucheloup.

La rousse gibelotte
Matelote y servait ;
La blonde Matelote
Gibelotte y cuisait ;
Le club de l'A b c
Y perdit l'A b c.

Quand expira Lamarque,
Cela fit bien du train ;
Cette époque-là marque,
On eut besoin du train,
De l'artillerie aussi ;
J'en eus un doigt roussi.

Dans une barricade,
Pour sauver Marius,
Je fis une escalade,
Mais j'y trouve en surplus
Javert, le limier fin ;
Je retardai sa fin.

Je ne m'amusais guère,
Je n'eus jamais de goût
Pour la petite guerre;
Aussi, dedans l'égout,
J'emporte sans remord
Marius à demi mort.

Ma vie, en ce chapitre,
Aux curieux prouvera
Qu'il existe un Chapitre
Où l'on voit plus d'un rat.
Dedans la boue, à bout,
Je marchais tout debout.

J'arrivai sur la Seine,
Ce moment fut plaisant;
Sans me faire une scène,
Javert, très-complaisant,
Me dit : Montez, mylord,
J'ai pour vous un mylord.

Marius chez son grand-père
Est conduit au Marais;
Celui-ci, sans colère,
Dit : Il sent le marais,
Puis l'embrasse à foison
Et tombe en pamoison.

Près de monsieur le maire,
Cosette et Marius
S'unirent : le grand-père
A leur noce se plut.
Mais Javert, plein d'ennui,
Se noya dans la nuit.

Dans le mois de novembre
Je mourus sans regret;
Mes enfants dans ma chambre
Pleuraient à mon chevet.
J'expire en leur disant :
Soyez heureux dix ans.

MORALE.

Bonsoir la compagnie,
Allons sous d'autres cieux
Raconter cette vie :
Faut qu'on sache en tous lieux
Qu'un méchant que l'on pend,
Jamais ne se repent.

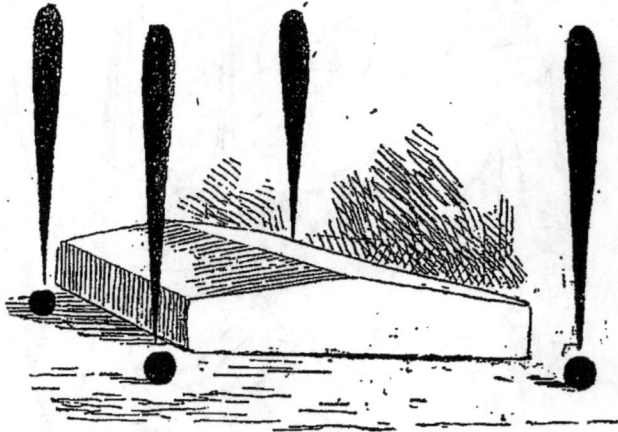

EXPLICATION DES VIGNETTES

PAGE 7, PLANCHE I. Le petit chien tire son maître et la langue. Le maître appartient à la grande famille des Quinze-Vingts. C'est à cette position sociale et infortunée qu'il doit la faveur de réciter au public la complainte des *Misérables*. — Pardonnez les fautes de cet Homère du trottoir.

PLANCHE II. Ecce Jean Valjean d'après une photographie du célèbre Petit-Pierre de Toulon. — Ne pas confondre avec son homonyme de la rue Cadet, n° 31.

PAGE 8. Le premier vol de l'oiseau !

PAGE 9, PLANCHE I. Valjean dans les fers disant son chapelet.

PLANCHE II. Valjean battant la campagne.

PAGE 10, PLANCHE I. Valjean reconnaît l'auberge de Colbas à son formidable as de trèfle.

PLANCHE II. Cet homme au bonnet pointu est l'hôtelier de Colbas; il reconnaît le forçat, et murmure tout bas son signalement:

> Nez au cresson,
> Bouche aux fines herbes,
> Oreille à la sauce blanche; c'est bien ça.

PAGE 11, PLANCHE I. Valjean désire passer la nuit dans la niche d'un chien, qui lui fait celle de ne pas vouloir l'entendre.

PARIS. — IMPRIMERIE W. REMQUET, GOUPY ET Ce, RUE GARANCIÈRE, 5.

www.ingramcontent.com/pod-product-compliance
Lightning Source LLC
LaVergne TN
LVHW022200080426
835511LV00008B/1482